Ah... les copains d'école !

Lulu est une héroïne du magazine *astrapi*
Création : Bernadette Després
Maquette : Rachel Bisseuil

© Bayard Éditions, 2009
18, rue Barbès - 92128 Montrouge Cedex
ISBN : 978-2-7470-2895-0
Dépôt légal : septembre 2009
Reproduction, même partielle, interdite.
Imprimé en Italie

Stéphanie Duval • Marylise Morel

C'est la vie Lulu! Doc

Ah... les copains d'école !

bayard jeunesse

Ah... les copains d'école !

Sommaire

Les disputes entre copines
6 - 17

Un voisin de classe perturbant
18 - 29

Une nouvelle élève énervante
30 - 41

Jeu-test
Tes copains d'école et toi...
42 - 45

Les disputes entre copines

En récré, Lulu et Élodie se disputent. Alors, quand ses parents lui proposent d'aller passer le week-end chez sa copine, Lulu refuse. Mais finalement elles se réconcilient et Lulu change d'avis !

Ouais! Élodie... je vais te doubler!
Non, ça ne vaut pas, tu dépassais la ligne...
TERRE
1
2
3
4
5
6
7
8
CIEL
Mais pas du tout! Tu triches! Hein, Ling?
Euh, je crois que tu dépassais...
C'est toi qui triches! Puisque c'est comme ça, t'es plus ma copine!
Ben toi non plus! Espèce de mauvaise joueuse!
PLUS TARD.
Je peux venir avec vous?
Pas à côté de moi!
LE SOIR.
Bonsoir mes chéries! Hélène, j'ai les billets... pour notre week-end en amoureux!
Super! Alors je vais aller dormir chez Clara...

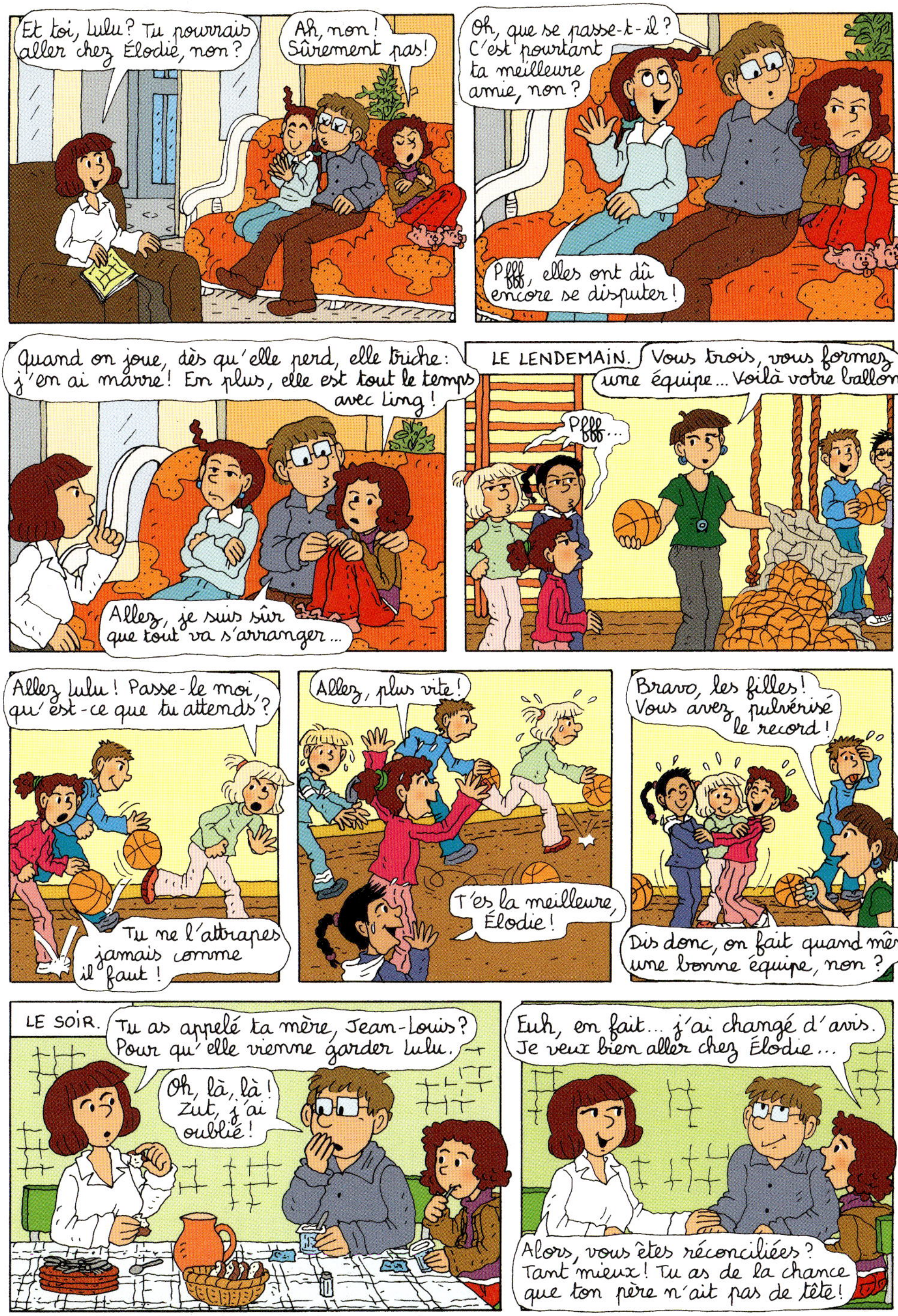
Et toi, Lulu ? Tu pourrais aller chez Élodie, non ?
Ah, non ! Sûrement pas !
Oh, que se passe-t-il ? C'est pourtant ta meilleure amie, non ?
Pfff, elles ont dû encore se disputer !
Quand on joue, dès qu'elle perd, elle triche : j'en ai marre ! En plus, elle est tout le temps avec Ling !
Allez, je suis sûr que tout va s'arranger...
LE LENDEMAIN.
Vous trois, vous formez une équipe... Voilà votre ballon.
Pfff...
Allez Lulu ! Passe-le moi, qu'est-ce que tu attends ?
Tu ne l'attrapes jamais comme il faut !
Allez, plus vite !
T'es la meilleure, Élodie !
Bravo, les filles ! Vous avez pulvérisé le record !
Dis donc, on fait quand même une bonne équipe, non ?
LE SOIR.
Tu as appelé ta mère, Jean-Louis ? Pour qu'elle vienne garder Lulu.
Oh, là, là ! Zut, j'ai oublié !
Euh, en fait... j'ai changé d'avis. Je veux bien aller chez Élodie...
Alors, vous êtes réconciliées ? Tant mieux ! Tu as de la chance que ton père n'ait pas de tête !

Et toi, ça t'est arrivé ?

Je trouve que les filles, ça se dispute plus que les garçons et surtout ça boude. Les garçons, quand ça se dispute, ça fait des grosses bagarres !

Marius, 8 ans

Après la dernière grosse dispute avec ma copine, j'étais très triste. Alors ma mère m'a conseillée de lui écrire ce que j'avais sur le cœur… Je l'ai fait, elle a lu ma lettre et est venue pleurer de joie dans mes bras. Maintenant, on est encore plus amies !

Camille, 10 ans

Dans ma classe, il y a trois filles qui font des histoires : par exemple, si l'une invite l'autre mais pas la troisième, ça fait une dispute !

Pablo, 8 ans 1/2

« Avec ma meilleure copine, quand on se dispute, on se fait la tête… Et puis, on s'ennuie sans l'autre, alors on fait la paix ! »

Maris, 9 ans

« L'année dernière, j'avais une copine qui ne voulait plus que je joue avec elle. Je passais mes récrés toute seule ! Finalement, je l'ai dit à ma mère. Elle en a parlé à la maîtresse qui a dit qu'il fallait jouer ensemble, alors ça a été mieux. »

Léa, 10 ans

« Avec ma copine, je me suis disputée parce qu'il y avait une autre fille qui faisait tout pour qu'on ne soit plus amies ! Maintenant, on n'est plus copines, mais j'en ai d'autres ! »

Ondine, 8 ans ½

Si tu es comme Lulu…

Et toi ? T'es-tu déjà disputé(e) avec tes copains (copines) ? Pour quelles raisons ?

Des incompréhensions

Avec ton ami(e), vous partagez les mêmes goûts, vous êtes très complices. Pourtant, parfois, vous n'êtes pas du même avis mais vous n'arrivez pas forcément à faire comprendre à l'autre votre désaccord. Il y a un malentendu entre vous et vous vous disputez.

Des rivalités

Avec ton copain (ta copine), vous êtes très liés(es) mais parfois, vous ne pouvez pas vous empêcher de comparer vos notes, vos vêtements, vos jouets ou même vos manières d'être. Il arrive aussi que tu ne supportes pas que ton ami(e) s'entende bien avec quelqu'un d'autre. Tout cela te rend jaloux (jalouse). Et ces jalousies provoquent des disputes.

Des conflits

Avec ton ami(e), il arrive que vous vous disputiez car l'un(e) ou l'autre triche lors d'un jeu, car vous avez du mal à partager un jouet, etc. Il se peut même que vous échangiez des insultes et des méchancetés lors d'une grosse dispute. Et cela aggrave le désaccord !

FILLES ET GARÇONS, C'EST DIFFÉRENT !

On dit que les filles sont plus chipies et les garçons plus bagarreurs. En cas de dispute, les premières utilisent souvent plus la parole, avec des remarques assassines, tandis que les gars préfèrent l'affrontement physique.
Mais dans les deux cas cela peut être très douloureux. Et il y a aussi des filles qui se battent et des garçons qui s'insultent !

Se disputer, c'est normal

Dans une amitié, il y a forcément des nuages… Ils passent et le soleil revient !

Cela apprend à mieux se connaître

Quand tu te disputes avec ton copain (ta copine), cela signifie que vous êtes en désaccord. La querelle permet de confronter vos goûts et vos désirs, de découvrir vos faiblesses et vos points forts. Ainsi, tu apprends des tas de choses sur l'autre et sur toi-même.

Cela peut soulager

Te disputer avec ton ami(e) te donne l'occasion de te mesurer à lui (elle). Cela te permet d'exprimer ce que tu es, ce que tu penses vraiment. Votre désaccord peut provoquer ta colère. En te disputant avec lui (elle), tu te débarrasses de cette colère, et parfois c'est une délivrance. Mais il vaut mieux éviter la violence ou les mots trop blessants !

Cela renforce l'amitié

Avec ton copain (ta copine), vous êtes différents. Ce n'est pas possible d'être toujours d'accord. Grâce au respect, ces différences n'empêchent pas d'avoir des sentiments d'amitié très forts. Et après une bonne dispute, rien ne vaut une réconciliation ! Souvent, les liens deviennent plus solides.

QUE DE DISPUTES !

Le mot dispute vient du latin « disputare », qui veut dire argumenter, débattre, discuter. On peut dire aussi : **accrochage, altercation, différend, discussion,** querelle, **controverse, démêlé,** chicane, **conflit, polémique, escarmouche,** friction, heurt, prise de bec, **empoignade, chamaillerie,** bisbille, brouille, désaccord, **discorde, fâcherie,** malentendu, trouble, **mésentente,** désunion…

Petits trucs...
pour se réconcilier

Il y a forcément une solution pour faire la paix avec son ou sa véritable ami(e).

Aborder le problème

Exprime tes sentiments. Pour éviter les brouilles et finalement s'entendre, il est utile de se parler. Fais un petit geste envers ton ami(e) pour lui montrer qu'il (qu'elle) compte pour toi : écris-lui un mot, téléphone-lui, invite-le (la) à jouer et passer du temps avec toi. N'oublie pas de reconnaître tes torts !

Prendre du recul

Réfléchis aux raisons qui ont entraîné votre dispute. L'enjeu est-il important ? Accepte les différences entre vous. Reconnais qu'avec ton ami(e), vous n'avez pas les mêmes besoins ni les mêmes envies au même moment. Si vous vous êtes disputés pour une mauvaise raison, patiente et laisse le temps calmer votre colère. Avec ton copain (ta copine), vous vous retrouverez comme si rien ne s'était passé !

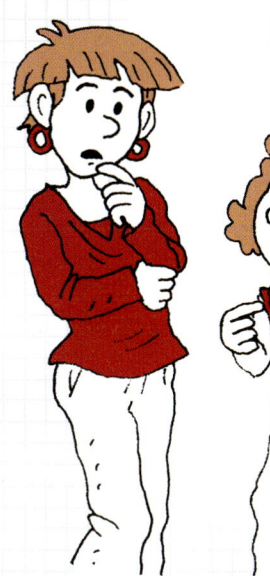

En parler à quelqu'un de confiance

Si c'est trop difficile de revenir vers ton ami(e) ou si cela te rend trop malheureux(se), confie tes ennuis à l'un de tes parents, ta maîtresse ou ton maître, un adulte en qui tu as confiance. Parler peut apaiser ta colère ou ta souffrance. Cette personne pourra te consoler, te donner son avis ou quelques conseils et peut-être même intervenir au besoin.

DES AMIS(ES) TOXIQUES !

Certaines amitiés ne sont pas porteuses de bonheur. C'est difficile, mais c'est important de se rendre compte que certaines amitiés t'apportent plus de colère, de peines et de soucis que de joie, de rires et de plaisirs ! Dans ce cas, il vaut mieux aller vers quelqu'un d'autre…

Un voisin de classe perturbant

Lulu en a assez ! Son voisin de classe n'arrête pas de l'embêter et en plus c'est elle qui se fait gronder par la maîtresse ! Elle aimerait bien ne plus être à côté de lui. Enfin… sauf en gym, car il est super fort !

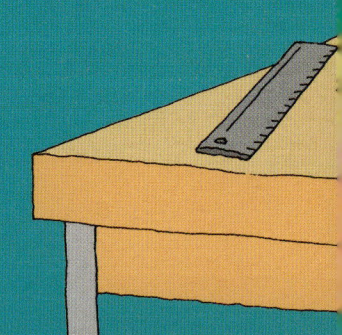

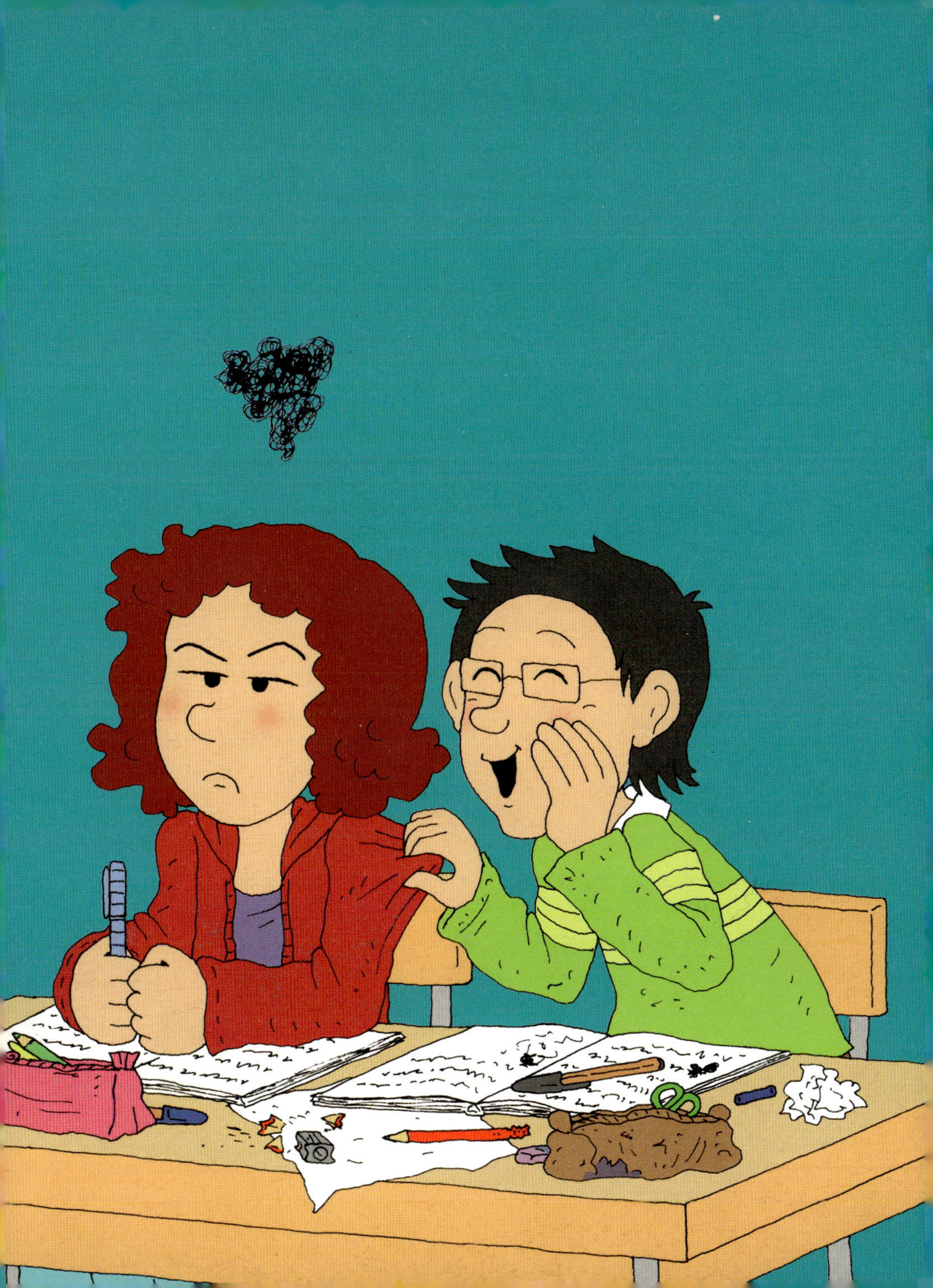

Lulu est gênée par son voisin de classe

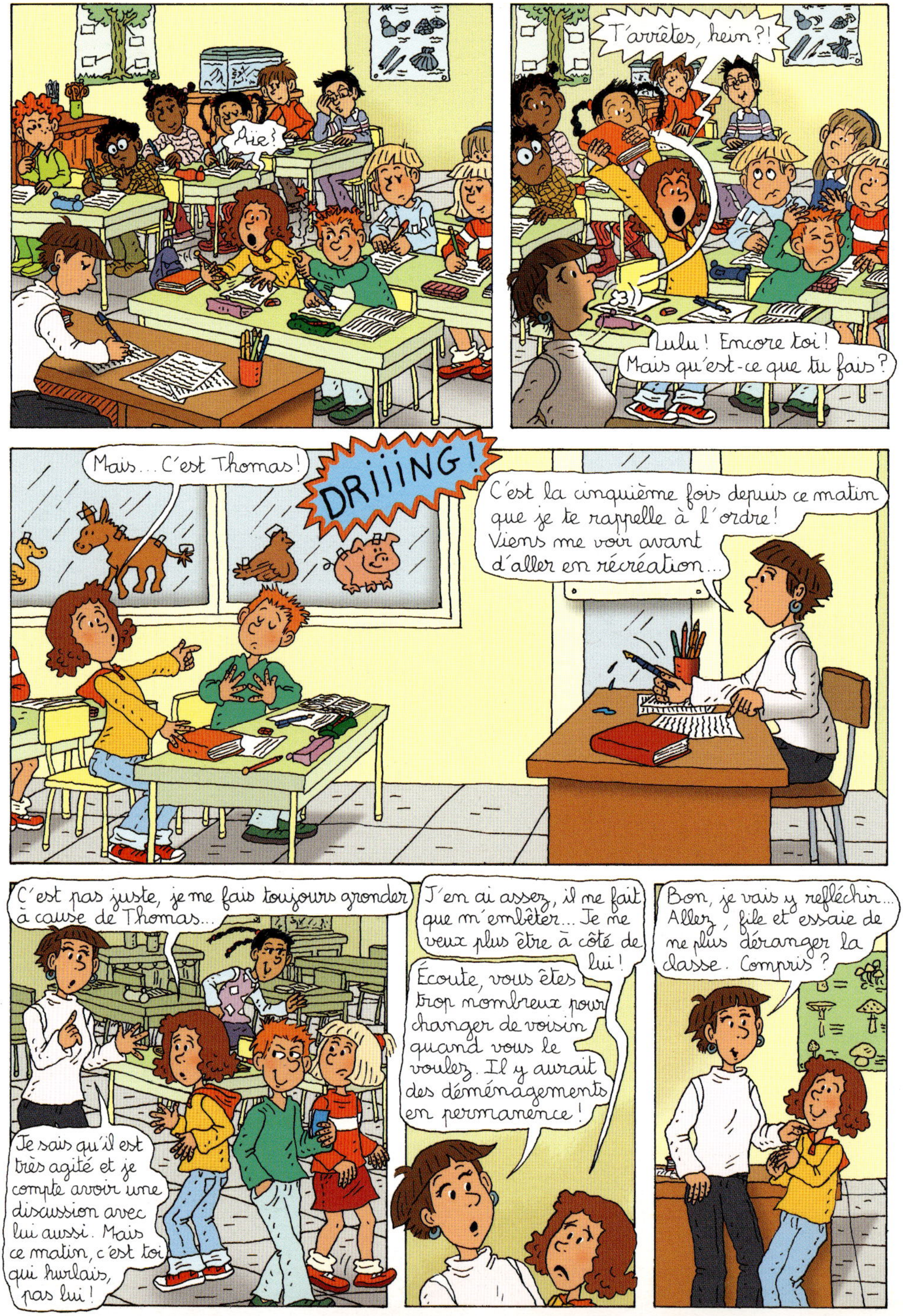

Si seulement la maîtresse pouvait me mettre à côté de toi, Élodie !
Elle ne le fera jamais, vous êtes trop bavardes !
Hi, hi, Tim a raison ! On parlerait tout le temps !
Mouais... Alors, à côté d'Anne, c'est la première de la classe...
Ah non merci ! Elle est à côté de moi et je n'ai pas du tout envie de changer !
PAF !
À partir de maintenant, j'ai décidé de vous changer de place après chaque vacances. Les prochaines ne vont pas tarder...
Comme ça, vous changerez de voisin régulièrement. Car parfois, on a un voisin bavard, ou chahuteur... Mais si cela arrive, avez-vous des idées pour que cela se passe le mieux possible ?
Celui qui embête l'autre peut faire des efforts pour l'embêter un peu moins...
On peut dire gentiment à son voisin de se taire parce que l'on veut travailler...
GRAT GRAT
On peut aussi essayer d'ignorer un voisin embêtant...
Bravo, voilà de très bonnes idées... Maintenant, essayez de les appliquer... sans attendre les prochaines vacances !
L'après-midi.
Nous allons faire une course de relais par équipe de deux. Choisissez votre partenaire !
Je me mets avec Thomas !
Je croyais que Thomas était trop énervant !
Oui, des fois... Mais c'est aussi le plus rapide de la classe !

Et toi, ça t'est arrivé ?

Moi, j'ai un voisin qui chahute et qui veut que je fasse le fou avec lui. Alors, j'ai trouvé un truc qui marche : je fais comme si je ne l'entendais pas et, au bout d'un moment, il arrête de me parler.

Christophe, 8 ans

Je voulais être à côté de ma copine en classe, mais la maîtresse a refusé : elle trouve qu'on est trop pipelettes !

Lola, 8 ans 1/2

Au début de l'année, j'étais à côté de mon meilleur copain. On rigolait bien. Seulement, on n'arrivait pas à travailler. Finalement, la maîtresse nous a séparés car on mettait trop le bazar. C'est mieux comme ça : on rigole en récré maintenant, au lieu d'être punis !

Arthur, 9 ans

Dans ma classe, il y a un garçon qui embête tous ses voisins. Le maître a trouvé la solution : il est assis, devant, tout seul. Depuis, la classe est beaucoup plus calme !

Ophélie, 9 ans

La maîtresse nous change de place après chaque vacances. Si on ne s'entend pas avec son voisin, on sait que cela ne durera pas.

Anna, 8 ans

Vivement les vacances !

Si tu es comme Lulu...

Et toi ? As-tu un(e) voisin(e) qui te dérange et qui t'empêche de travailler ?

Un(e) voisin(e) qui s'agite

Ton (ta) voisin(e) est très remuant(e). Il (elle) est turbulent(e), excité(e), super bavard(e). Son comportement te gêne et tu n'arrives plus à te concentrer pour étudier. Parfois même, Il (elle) t'entraîne dans son chahut. Et la maîtresse ou le maître vous punit.

Un(e) voisin(e) qui taquine

Pour attirer ton attention, ton (ta) voisin(e) t'embête. Il (elle) attend ta réaction. Cela t'agace, tu réagis parfois un peu bruyamment et tu te fais gronder par ta maîtresse. Tu trouves cela injuste, parce que tu as l'impression que tu ne pouvais pas faire autrement.

Un(e) voisin(e) qui copie

Tu en as assez que ton (ta) voisin(e) soit constamment à regarder vers ton cahier. Tu trouves cela insupportable, surtout si la maîtresse ou le maître vous met un zéro à tous les deux parce qu'il (elle) s'est rendu(e) compte qu'il y a eu du copiage.

SI C'EST TOI LA GÊNEUSE OU LE GÊNEUR

Essaie de comprendre pourquoi tu agis ainsi. Tu as peut-être besoin qu'on s'occupe de toi. Parles-en avec ton maître ou ta maîtresse. Essaie de trouver un autre moyen d'attirer l'attention sur toi. Ne sois pas égoïste et pense à ton (ta) camarade qui n'arrive plus à suivre les leçons !

Si tu as de bons résultats, malgré ton chahut, pense que ton (ta) voisin(e) n'a peut-être pas les mêmes facilités que toi et que tu ne lui rends vraiment pas service !

> J'arrête ! Promis ! Je me tais ! Je ne t'embête plus ! Hop, fini ! Chut ! Je te laisse tranquille. Plus de bavardage...

> Tu as vu comme je suis sage !? Un vrai petit ange ! La maîtresse ne me gronde plus tellement je suis gentil. Tu as remarqué ?...

Pas de panique !

Il y a forcément une solution à tes problèmes. Surtout ne te décourage pas !

Voisin(e) imparfait(e)

C'est comme ça, ton (ta) voisin(e) te gêne. Dans la vie, on ne peut pas toujours faire comme on le souhaite. Parfois, on se retrouve dans des situations que l'on n'a pas choisies. Mais il faut faire avec. Et puis, dis-toi qu'un(e) voisin(e) de classe parfait(e), c'est très, très, très rare !

Le changement est possible

Ton (ta) voisin(e) n'est peut-être pas tout le temps perturbant. Parfois, pendant certaines leçons, il (elle) peut être très calme et ne pas te déranger. Il arrive même que tu trouves cela sympa de l'avoir assis(e) à côté de toi ! De plus, il (elle) peut changer avec le temps qui passe…

Tu peux t'expliquer

Si tu ne supportes plus ton (ta) voisin(e), va voir ton maître (ta maîtresse) et explique-lui ce que tu ressens ou ce que tu subis. Il (elle) te proposera sûrement une solution pour améliorer la situation afin que tu retrouves de bonnes conditions de travail. Et tu éviteras les punitions !

AUTOUR DES VOISINS

- « Aimez votre voisin, mais n'abattez pas la haie entre les jardins » (proverbe français) : il est utile de garder une certaine distance avec un proche.
- « Qui jette des orties chez son voisin les verra pousser dans son jardin » (proverbe russe) : dire du mal de ses proches se retournera contre soi.
- « Avant d'acheter une maison, informe-toi du voisin » (proverbe allemand) : avant de prendre une décision importante, il vaut mieux savoir où on met les pieds.
- « Que le pacha soit ton ennemi plutôt que tes voisins » (proverbe turc) : mieux vaut pouvoir compter sur quelqu'un qui est proche de soi que sur quelqu'un d'éloigné.
- « Que celui qui n'est pas content de son voisin, recule sa maison » (proverbe belge) : il faut parfois prendre sur soi dans la vie.

Petits trucs... pour une meilleure entente avec son voisin

Voilà cinq idées pour améliorer ta situation.

- **Explique à ton (ta) voisin(e) les raisons** pour lesquelles il (elle) te dérange.

- **Partage un moment, un jeu,** avec il (elle), en récré par exemple. En classe, quand tu lui demanderas d'arrêter de te déranger, il (elle) t'écoutera plus facilement.

- **Ignore le gêneur (la gêneuse).** Sans réaction ni réponse de ta part, il (elle) s'arrêtera de chahuter ou de bavarder.

- **Va voir le maître (la maîtresse)** et demande-lui de changer de place ou au moins de vous séparer.

- **Décris la situation à l'un de tes parents** et demande-lui son avis ou de l'aide.

- **Sois sympa et patient(e).** Certains enfants ont vraiment besoin de se faire remarquer, car pour eux, c'est une solution pour qu'on s'occupe d'eux, en particulier dans leur famille…

À CHAQUE CLASSE SES HABITUDES, POUR DÉMÉNAGER !

Dans certaines classes, tous les élèves changent de place après chaque vacances, pour d'autres ce sera deux fois dans l'année, après Noël et après Pâques. Ailleurs, les jeunes se déplaceront tous les mois et ailleurs encore, jamais. Cela dépend du nombre d'élèves dans la classe, de la taille de la pièce, de l'ambiance dans la classe, des habitudes de l'instituteur (institutrice)…

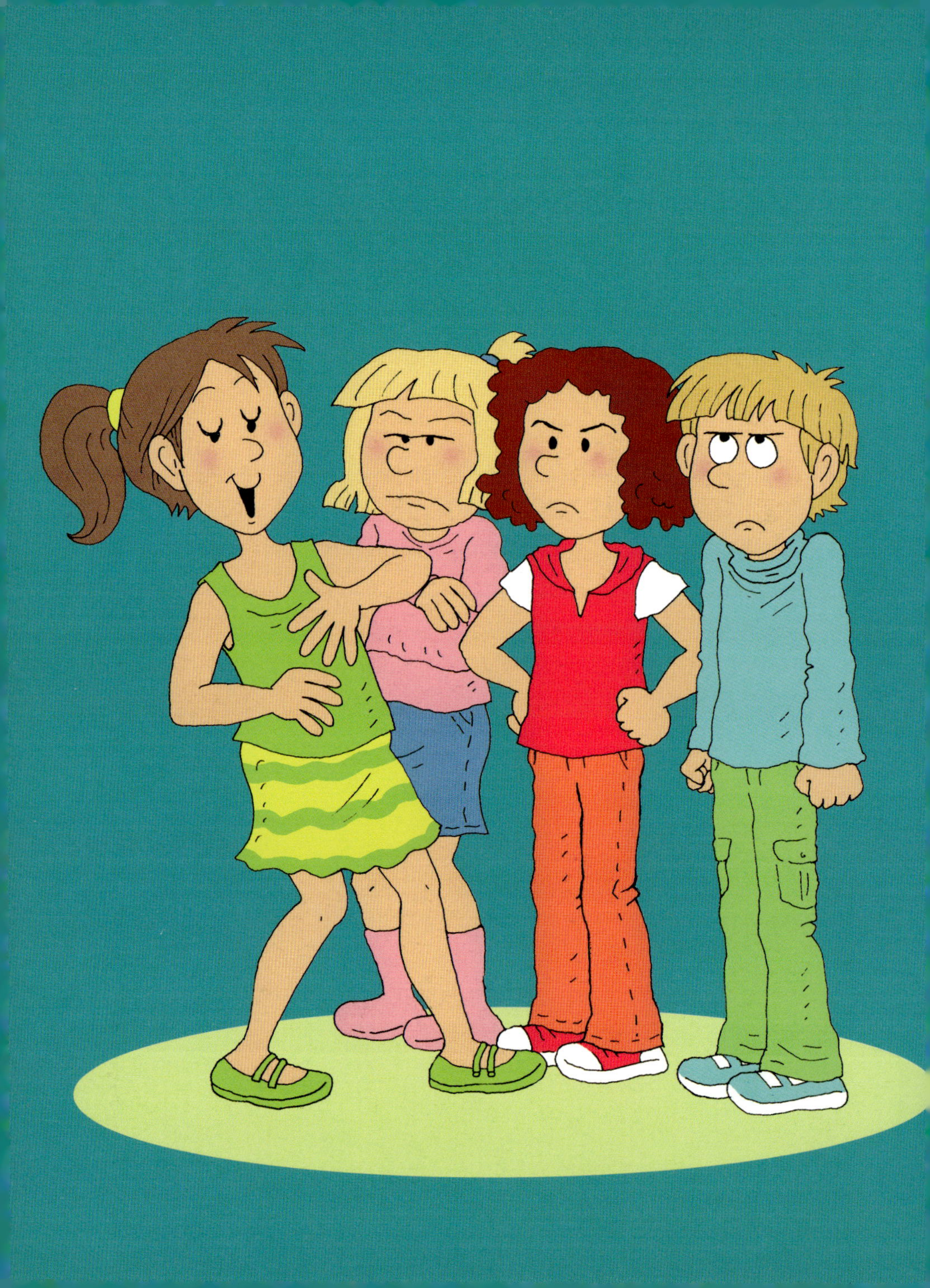

Une nouvelle élève énervante

Dans la classe de Lulu, il y a une nouvelle qui est agaçante parce qu'elle se vante beaucoup. Lulu et ses copains en ont assez et lui en parlent… Elle leur avoue qu'elle ne sait pas bien sauter à la corde.

Tu habites où, Jessica ?
Juste derrière la mairie. C'est une IMMENSE maison avec 6 chambres et 3 salles de bains !
Wouah ! C'est grand !
Oui. C'est la plus GRANDE de la rue ! Il y a aussi un très grand jardin.
Ah, c'est chouette !
Sinon, vous avez vu mon nouveau blouson ? Je l'ai eu chez Topmod !
Mmm... Il est très beau.
Maman est là. Je vous laisse. À demain !
Ma mère m'emmène au judo : je suis la meilleure de mon club !
Qu'est-ce qu'elle m'énerve...
Tu as l'air énervée Lulu. Qu'est-ce qu'il y a ?
C'est Jessica, la nouvelle. Elle n'arrête pas de faire sa crâneuse. "Moi, j'ai ceci ! Moi, j'ai cela !"
Il faut toujours qu'elle ait TOUT mieux que les autres. C'est énervant à la fin !
Elle a peut-être l'impression que vous l'aimerez plus comme ça...
Tu parles ! C'est tout le contraire !
Peut-être qu'elle ne s'en rend pas compte : essaye de lui en parler !

La nouvelle est une crâneuse

Le lendemain

— Vous ne trouvez pas que Jessica fait trop sa crâneuse ?
— C'est l'horreur !
— Chut ! La voilà...
— Salut ! Ça va ?
— Regardez le nouveau sac que m'ont acheté mes parents !

— Qu'est-ce qu'il y a ? Ça ne va pas ?
— Euh... disons que... bon...
— Voilà. On veut bien être tes copains mais il faut que tu arrêtes de crâner comme ça, tout le temps !
— Comment ça ?
— Ben oui, tu passes ton temps à montrer ce que tu as de mieux que les autres. C'est énervant !

— Ce n'est même pas vrai...
— Tu sais, tu n'as pas besoin de chercher à nous impressionner ! Tu n'as pas besoin de ça pour te faire remarquer !

— Bon, on joue à la corde à sauter ?
— Oh oui ! J'en ai justement une sup... Oups !
— Mais je ne sais pas bien en faire : vous allez m'apprendre
— Avec plaisir !

33

Et toi, ça t'est arrivé ?

Moi, j'ai un copain qui est un peu crâneur, mais seulement pour le foot, parce qu'il est dans l'équipe des meilleurs. Dans ce cas-là, il m'énerve, mais sinon, il est très sympa.

Samuel, 9 ans

Regarde !

Hé, regarde !

Dans mon école, il y a un groupe de filles qui crânent. Dès qu'on n'a pas les mêmes choses qu'elles, elles se moquent de nous. C'est dommage, car certaines d'entre elles sont sympas quand elles sont toutes seules.

Julie, 11 ans

Mon meilleur copain crâne souvent : il raconte des choses incroyables qu'il a vues… Je crois qu'il fait ça parce qu'il a besoin que tout le monde l'aime. Moi, ça m'énerve, mais il y a plein d'autres choses que j'aime chez lui !

Bartolomé, 9 ans

Dans ma classe, il y a un garçon qui n'arrête pas de se vanter parce que ses parents ont de l'argent. Il énerve tout le monde, donc il n'a pas beaucoup de copains !

Guillaume, 8 ans

Moi, j'ai plein de sous !

Oui mais aucun ami…

Une crâneuse, c'est une fille qui se croit la plus belle. Du coup, elle met des vêtements pour frimer et elle se prend pour la chef. J'en ai connu une. Je lui disais « Arrête de faire ta crâneuse », mais elle ne m'écoutait pas.

Nina, 10 ans

Si tu es comme Lulu...

Et toi ? As-tu déjà eu des nouveaux dans ta classe ? Comment se sont-ils comportés ?

Vantard(e)

Le nouveau, (la nouvelle) élève a tout mieux que les autres. Ses affaires, ses vêtements, ses fournitures, ses activités, sa maison, ses jouets... sont toujours les meilleurs ! Il (elle) n'arrête pas de se vanter sans arrêt et cela te rend un peu jaloux(se).

Menteur(euse)

Parfois, il (elle) raconte des mensonges : son père a une voiture de course, sa maison a un ascenseur, il (elle) a rencontré une star... Mais il (elle) invente tellement d'histoires incroyables que tu te rends compte que ce n'est pas vrai. Et cela t'agace beaucoup.

Moqueur(euse)

Il arrive que le nouveau (la nouvelle) se croit tellement mieux que les autres, qu'il (elle) se moque de ceux qui n'ont pas les mêmes choses ! Il (elle) donne l'impression d'être au-dessus des autres et cela t'énerve très fortement !

PLEIN DE NOUVEAUX !

Solal est original.
Ses vêtements sont étonnants et il a toujours des objets bizarres dans sa trousse.

Clotilde est timide.
Dès qu'on lui adresse la parole, elle rougit et elle parle si doucement que personne ne l'entend !

Bernard est bavard.
Il a toujours quelque chose à raconter, ce n'est pas la peine de lui confier un secret.

Bertrand est différent.
Ses cheveux sont roux et il marche bizarrement.

Gracieuse est une charmeuse.
Elle sourit tout le temps et se fait très vite de nouveaux amis.

Kramer est un bagarreur.
Toutes les raisons sont bonnes pour donner un coup de pied, taper du poing et hurler.

Charlotte est rigolote.
Elle adore faire le clown et fait rigoler toute la classe… sauf la maîtresse.

Pas évident d'être nouveau (nouvelle) !

Attention, il arrive que le crâneur ou la frimeuse soit en fait un(e) grand(e) timide !

Pas facile d'être au centre

En général, le nouveau (la nouvelle) arrive dans un groupe déjà formé. Dans la classe, vous vous connaissez tous. Alors, ce (cette) nouvel(le) élève attire l'attention et les regards. Cela peut le (la) rendre mal à l'aise, et se vanter est en fait une façon de se défendre.

Envie de plaire

Il (elle) veut faire bonne impression et tente tout pour te séduire. Pour plaire, il (elle) veut montrer ses atouts et surtout pas ses faiblesses. Il (elle) cherche ton admiration. Peut-être en fait-il (elle) trop, car il (elle) a peur de ne pas être aimé(e) pour lui (elle), s'il (elle) reste simple et naturel(e).

Difficile d'être soi-même

Face à une situation inconnue, certains(es) sont très tendus(es) et font des choses ou disent des trucs qu'ils (elles) ne feraient pas en temps normal. Cet(te) élève est peut-être un(e) grand(e) timide mais c'est plus fort que lui (elle), et il (elle) fait comme s'il (elle) était à l'aise !

DRÔLES D'HISTOIRES !

→ Christian a déjà mangé de l'éléphant.

→ Dune est déjà allée sur la Lune.

→ Isabelle conduit une 4L.

→ Apolline, la présidente, c'est sa copine !

→ Barnabé boit du café.

→ Sidonie connaît tous les pays.

→ Chang parle 18 langues.

Petits trucs... pour aider les nouveaux à s'intégrer

Voici quelques conseils pour détendre le nouveau (la nouvelle).

• **Essaie, pendant la récré, de le (la) mettre à l'aise** en lui proposant un jeu ou une activité avec ton groupe d'amis(es).

• **Ne te fie pas aux apparences** et, avec un peu de patience, tu apprendras à mieux le (la) découvrir. Il (elle) a peut-être besoin de temps pour montrer ce qu'il (elle) est vraiment.

• **Explique-lui** ce que tu aimes bien chez lui (elle).

• **Prends-le (la) à part** et dis-lui combien il (elle) agace les autres avec son attitude.

• **Écris-lui un petit mot** en lui disant gentiment qu'il (elle) n'a pas besoin de toujours se vanter, que tu aimerais bien mieux le (la) connaître quand il (elle) est naturel(le).

- **Prends du recul et ne sois pas jaloux(se)**. Son assurance peut, au contraire, être révélateur d'un grand manque de confiance en soi.

- **Laisse-le (la) tranquille**. Ne lui prête pas attention.

- **Explique la situation à la maîtresse** et demande-lui éventuellement d'intervenir.

DES MOTS POUR FRIMER !

Crâner : se vanter, fanfaronner, parader...

...plastronner, poser, frimer, la ramener...

...rouler des mécaniques, se la péter...

...faire le beau, le malin, le mariolé, le dur !

JEU-TEST : TES COPAINS

1 - AVEC TON COPAIN OU TA COPINE, VOUS VOUS DISPUTEZ...
- ● Tous les jours.
- ★ Une fois par semaine.
- ♥ Très rarement.

2 - APRÈS UNE BONNE DISPUTE...
- ♥ Vous êtes désolés(es) et vous vous expliquez.
- ● Vous continuez à vous insulter pendant longtemps.
- ★ Vous vous faites la tête et puis ça passe.

3 - POUR VOUS RÉCONCILIER...
- ★ Ça se fait tout seul.
- ♥ Vous avez une bonne explication.
- ● Vous vous tombez dans les bras en éclatant de rire ou en pleurant.

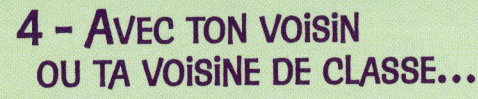

4 - AVEC TON VOISIN OU TA VOISINE DE CLASSE...
- ♥ Vous bavardez sans arrêt.
- ● C'est la bagarre ou les disputes.
- ★ C'est impeccable.

D'ÉCOLE ET TOI...

5 - Tu aimerais changer de place en classe...
- ● Le plus vite possible.
- ♥ Jamais.
- ★ Cela t'est égal.

Lulu ! Retourne à ta place !

6 - Entre ton voisin ou ta voisine et toi, c'est le chahut...
- ♥ Il faudrait que vous changiez de place tous (toutes) les deux.
- ● Le mieux, ce serait qu'il (elle) soit tout(e) seul(e).
- ★ Il vaut mieux que tu changes de place.

7 - Le nouveau ou la nouvelle se vante tout le temps...
- ★ Tu l'ignores complètement.
- ♥ Tu essaies d'aller lui en parler.
- ● Tu le (la) rejettes et tu te moques de lui (elle).

8 - Mais finalement...
- ★ Tu voudrais bien que quelques élèves changent de classe.
- ● Tu aimerais bien changer de classe.
- ♥ Tu es très bien dans cette classe.

Résultats du jeu-test

Si tu as une majorité de ♥

Copains comme cochons ! Avec tes amis(es), voisins(es) de classe ou pas, vous êtes vraiment proches ! Rien ni personne ne peut vous séparer.

Si tu as une majorité de ★

Copains comme vache et grue pique-boeuf ! Vous êtes assez indifférents les uns aux autres, mais vous partagez des activités.

Si tu as une majorité de ●

Copains comme chien et chat ! Entre vous, ça va, ça vient… vos relations sont tumultueuses !

C'EST LA VIE Lulu!

J'ai honte de ce que j'ai fait

Je déteste être timide

On se moque de moi !

Des petits documentaires

Trois BD, des témoignages et plein d'infos pour gérer au mieux la situation !

© Marylise Morel